AF178942

DIE REIHE
Archivbilder

HAGEN

DIE REIHE
Archivbilder

HAGEN

Hagener Heimatbund e.V.

SUTTON
VERLAG

Sutton Verlag GmbH
Hochheimer Straße 59
99094 Erfurt
www.suttonverlag.de

Copyright © Sutton Verlag, 2002

ISBN 978-3-89702-477-9

Druck: Books on Demand GmbH, Norderstedt, Deutschland

Inhaltsverzeichnis

Einleitung

Hagen ist die grüne Großstadt zwischen Sauerland und Ruhrgebiet. Über 40 Prozent der Stadtfläche sind bewaldet. So wirbt denn ein Werbestempel der Post in den 30er-Jahren für „Hagen, die landschaftlich schöne Industriestadt". Hagen wird auch „das Tor zum Sauerland" oder „die Volmestadt" genannt. In Wirklichkeit wird es von vier Flüssen, der Volme, der Ennepe, der Ruhr und der Lenne durchflossen. Die Wasserkraft sowie das Zusammentreffen mehrerer alter Verkehrswege waren daher auch bestimmend für die Entwicklung dieser Stadt.

Ob nun Altenhagen das ältere Hagen ist oder ob die Wiege Hagens um die erste Kirche am Markt gelegen hat, darüber streiten sich die Gelehrten. Frühe Siedlungspunkte gibt es sicher sowohl am Rittergut Altenhagen als auch am adeligen Haus Hagen an der Springe. An beiden Orten gab es seichte Stellen in der Volme, die gut zu passieren waren und deshalb früh mit einer Brücke versehen wurden. Die Entwicklung zur Stadt und damit zum späteren Stadtkern der Großstadt dürfte allerdings vom Markt ausgegangen sein.

1661 siedelt der Große Kurfürst in Eilpe Klingenschmiede aus Solingen an und gibt ihnen sowie den sich ebenfalls bald einfindenden Papiermachern Privilegien und Sonderrechte. Diese Maßnahme, als „Entwicklung der Märkischen Region" gedacht, gelingt. 1746 erhält Hagen mit ca. 600 Einwohnern die Stadtrechte. Im 18. Jahrhundert folgen Tuchfabrikation und -färberei sowie ein deutlicher Aufstieg der Kleineisenhersteller zu Eisen- und Stahlerzeugern und Erzeugern von Metallfertigprodukten. Die Produkte werden bis nach Amerika und Asien gehandelt.

1848 wird die Köln–Mindener Eisenbahn durch Hagen geführt – die Grundlage für eine sprunghafte Entwicklung von Industrie und Handel. Damit beginnt Hagens kometenhafter Aufstieg zur Großstadt. Der Bauboom um die Jahrhundertwende verändert drastisch das Gesicht der Stadt. Schon damals muss manches Fachwerkhäuschen einem Gründerzeitbau weichen. Eingemeindungen 1876 und 1901 vergrößern Fläche und Einwohnerzahl, die 1928 die 100.000 überspringt. 1929 kommen durch die vorletzte Eingemeindung (1975 erfolgt die letzte) noch einmal ca. 50.000 Bürger hinzu.

Zwischen der Jahrhundertwende und 1920 erlebt Hagen eine städtebauliche und künstlerische Blüte. Karl Ernst Osthaus, Spross einer Fabrikanten- und Bankiersfamilie, baut das Folkwang-Museum und holt bedeutende Künstler und Baumeister nach Hagen, um seine städtebaulichen Vorstellungen zu verwirklichen. Diese ganz eigene Stilrichtung zwischen Jugendstil und Bauhaus ist als „Hagener Impuls" in die Kunstgeschichte eingegangen.

Im Oktober 1943 und noch im März 1945 wird Hagen Ziel der alliierten Bombardierungen. Große Teile des Stadtbildes werden zerstört. Nach der Zeit der Trümmer und Baracken wird in den 50er-Jahren schnell, schlicht und zweckmäßig neu gebaut. Hagen möchte eine moderne Großstadt sein. Einer vermeintlichen Verkehrs-Zukunftsplanung, die das Kraftfahrzeug bevorzugt, werden ganze Straßenzüge geopfert und oft wird niedergerissen, was der Krieg noch verschont hatte. Die letzte Straßenbahn fährt 1976. Als Verkehrshindernis in den engen Straßen und Tälern gescholten, muss sie den Bussen weichen.

Die Herausgeber haben sich bemüht, aus ihren Sammlungen möglichst „unverbrauchtes Bildmaterial" auszuwählen. Der Vollständigkeit halber durften zwar bekannte Motive in einigen Kapiteln nicht fehlen, jedoch gibt es auch hier ungewöhnliche und überraschende Blickwinkel. Ein Großteil der Motive wird erstmalig mit diesem Buch der Öffentlichkeit zugänglich gemacht. So können Alteingesessene ebenso viel Neues entdecken wie Neubürger Bekanntes. Dabei wollen die Herausgeber gar nicht mal eine „Gute alte Zeit" propagieren, sondern die Erinnerung an Gewesenes wach halten oder neu wecken. Es können aus verständlichen Gründen nur punktuelle, exemplarische Einblicke in das Leben unserer Stadt und ihrer Bewohner gegeben werden. Dennoch sollen mit den „Ansichten aus Hagen zwischen 1880 und 1955" Entwicklungsprozesse deutlich werden, wie sie nun mal stattgefunden haben. Unsere Vorfahren hatten viel zu leisten und haben aus vielerlei Motivationen heraus das geschaffen, was wir heute vorfinden. Auch wenn wir aus der heutigen Sicht nicht mit allen Entscheidungen und Weichenstellungen einverstanden sind, können sie doch unseren Blick schärfen für historische Fakten und die Veränderungen und Anforderungen unserer Zeit.

1

Blick ins Tal

Hagen ist ins Tal gebaut. Dabei waren Übergänge über die Volme, die später durch Brücken ersetzt wurden, standortbestimmend. Fotografen haben gerne die umliegenden Höhen genutzt, um von erhöhter Warte ins Tal zu blicken und einen Überblick zu präsentieren. Hagens Keimzelle um die Johanniskirche ist immer wieder vom Kratzkopf aus fotografiert worden. Später nutzten Fotografen lieber den gegenüberliegenden höheren Goldberg, um die gewachsene Stadt abzubilden. Als mit dem Eisenbahnbau die Stadt in Richtung Bahnhof mit Altenhagen zusammenwuchs, waren auch die Philippshöhe und die Hagener Heide (das spätere Drerup-Viertel) beliebte Standorte. Heute ist Hagen längst über die Höhen hinweggewachsen und nur noch ein Luftbild kann eine Gesamtschau vermitteln.

Der alte Kern Hagens um die Johanniskirche am Markt, vom Kratzkopf aus gesehen. Auf der Bleiche liegt noch Wäsche und rechts sind die Türme der kleinen reformierten Kirche „Kaffeemühle", die 1873 abgerissen wurde, und der zweitürmigen alten Marienkirche zu erkennen.

1848 kommt die Eisenbahn nach Hagen. Der Bahnhof wird auf Wehringhauser Gebiet gebaut, damals noch weit vom Stadtkern entfernt. Rechts erkennt man die Schornsteine von Funcke und Elbers.

Vom Goldberg aus präsentiert sich dem Betrachter 1886 schon eine stark angewachsene Stadt. Rechts hat der Fotograf die alte Johanniskirche, links die Auferstehungskirche am Stadtgarten als Eckpunkte gewählt. Über der Stadt ist die noch unbebaute Hagener Heide mit der Funcke-schen Arbeitersiedlung „Zehn Gebote" zu sehen.

1910 spazieren die Großeltern mit den vier Enkelkindern hinauf zum Goldberg. Das unverbaute und kaum zugewachsene Panorama der Stadt zu ihren Füßen entschädigt allemal für die Strapazen des Aufstiegs.

Vom Schlangenweg geht der Blick in Richtung Eppenhausen. Die 1923 eingeweihte Stadthalle auf der Springe liegt unterhalb. Links prägt schon die Franziskaner-Klosterkirche, die 1927 geweiht wurde, die Bergsilhouette.

Land zwischen Rhein und Weserstrand,
O grüss' Dich Gott, Westfalenland!

Um die Jahrhundertwende ist die gesamte Talsohle bebaut. Wieder schaut der Betrachter vom Goldberg auf Hagen. Links sieht man die Augenheilklinik an der Grünstraße, rechts darüber

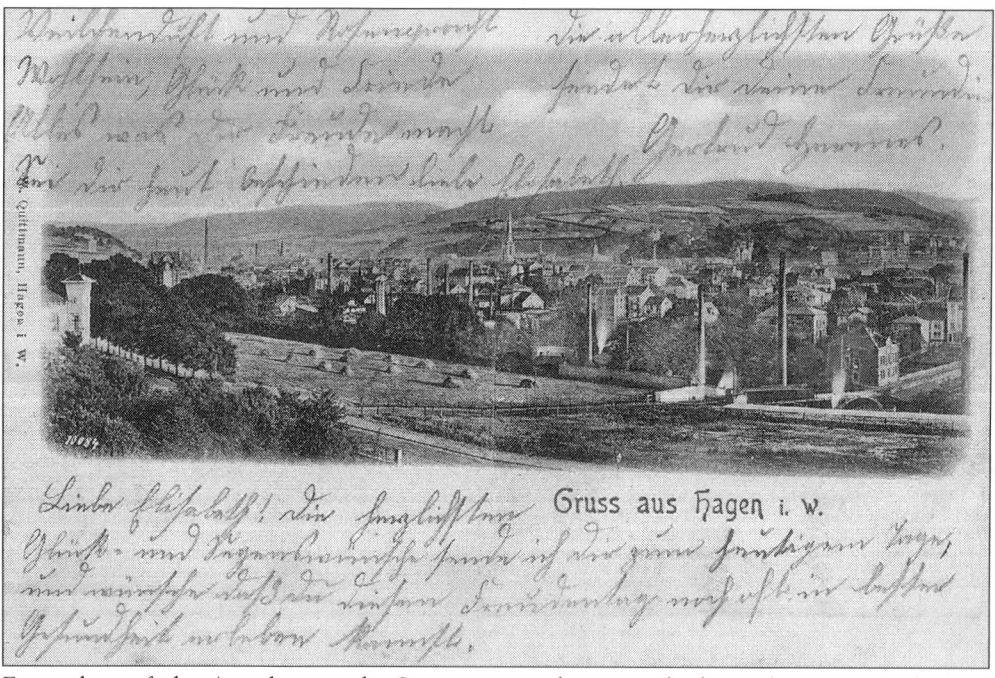

Gruss aus Hagen i. w.

Eine seltene, frühe Ansicht zeigt die Situation von der gegenüberliegenden Seite. Links liegt das Landratsamt an der Ecke Wittekindstraße und Parkstraße. Die vielen Schornsteine markieren den Lauf der Volme. Rechts steht die Eisenkonstruktion der privaten Funcke-Brücke.

Gruss aus Hagen i. W. 6/7 1899

Lina Lueg.

die Lutherkirche. Den rechten Bildrand bildet über dem Stadtgartenteich die neu erbaute Marienkirche.

Hagen i. W. - Oberhagen, Blick a. d. Goldberg, Bismarck- u. Eugen-Richter-Turm

Von Emst in Richtung Bismarck- und Eugen-Richter-Turm fotografiert, überblickt man Oberhagen, das vom Schienenstrang der Volmetalbahn durchschnitten wird, die hier schon den Goldbergtunnel passiert hat.

Um 1910 ist das Wehringhauser Bachtal noch nahezu unbebaut, doch von Osten und Westen schieben sich die Wohnblocks näher. Oberhalb lockt noch heute ein schattiger Waldweg zum Spaziergang zwischen Stadtgarten und Waldlust.

Wehringhausen war Jahrzehnte geprägt von einem riesigen Gasometer an der Rehstraße, der die Türme der St.-Michaels-Kirche und der Pauluskirche klein erscheinen lässt.

2

Öffentliche Gebäude

Mit dem Aufblühen der Industrie setzte in den 80er-Jahren des 19. Jahrhunderts eine rege Bautätigkeit ein. So manches Fachwerkhäuschen fiel diesem Boom zum Opfer. Aber die Bürger waren stolz auf ihre neuen „Identifikationsobjekte", die im Stilmix der Zeit hochgezogen wurden, um zu repräsentieren und den Bedürfnissen der wohlhabenden und schnell wachsenden Kommune zu genügen. Erst ihr Verschwinden im Bombenhagel und die Schlichtbauten der Nachkriegszeit lässt unsere Generation wieder neidvoll zurückblicken.

Bahnhof und Post waren im 19. Jahrhundert die wichtigsten Verbindungen zur Welt. Für die Kaiserliche Post war um die Jahrhundertwende das Hotel „Lünenschloß" abgerissen worden. Das Bahnhofsgebäude ersetzte seit 1875 den ersten Bahnhof. 1910 wurde dann der jetzige gebaut.

Die Postkarte von 1908 zeigt das Postamt von der Straßenseite. Das im Hintergrund noch zu erkennende Zweigpostamt 3 zog hier 1907 ein, die Hauptpost folgte 1908 von der Bahnhofstraße.

Am 14. September 1910 wurde der dritte Hagener Hauptbahnhof eröffnet, der mit seinen diversen Nebengebäuden bis heute den Platz beherrscht.

Das Innere der Bahnhofshalle wurde bestimmt durch das große Tonnengewölbe seiner Decke, in die halbkreisförmig Glasfenster eingeschnitten waren. Hinten befanden sich die Wartesäle erster und zweiter Klasse, links die Gepäckaufbewahrung, rechts der Fahrkartenverkauf.

An der Springe war direkt an der Volme zwischen 1913 und 1923, nur vom Ersten Weltkrieg unterbrochen, die Stadthalle entstanden. Ihr großer Kuppelbau vor dem Industriegelände der Firma Elbers prägte vier Jahrzehnte das Stadtbild.

Das neugotische Rathaus, das 1902 bezogen wurde, war bereits das vierte in der Geschichte der Stadt. Nach links blieb es bis zu seinem Abriss nach dem Krieg ein Torso. Hier sollte der rechte Baukörper spiegelbildlich aufgenommen und mit einem zweiten Turm abgeschlossen werden.

Gänge und Treppenhäuser waren mit aufwändigen Rippengewölben geschmückt. Ein Abglanz ist heute noch im erhaltenen rechten Bauteil des Rathauses entlang der Rathausstraße zu bewundern.

18

Das Kreishaus an Fleyer- und Kreishausstraße beherbergte bis zur Neugliederung des Industriereviers 1929 die Verwaltung des Landkreises Hagen. Im Krieg schwer getroffen, wurde das Gebäude abgerissen und machte Platz für drei Einfamilienhäuser.

Das Stadttheater, 1911 nach Plänen von Prof. Ernst Vetterlein aus Darmstadt errichtet, wurde Heimstatt des bereits 1907 gegründeten Schauspielensembles. Bis heute ist es kultureller Mittelpunkt der Stadt.

Natürlich brauchte die Stadt Gesundheitseinrichtungen. Das Allgemeine Krankenhaus am Stadtgarten ersetzte den veralteten Vorgängerbau an der Ecke Elberfelder- und Concordiastraße. Es wurde hauptsächlich durch Spenden und Stiftungen ermöglicht und 1909 eröffnet.

Um die Jahrhundertwende entstanden weitere Krankenhäuser, die aber auf kirchlicher Initiative basierten. Bereits 1857 gegründet und mehrfach erweitert, baute man 1912 in der Bergstraße diesen großzügigen Krankenhausbau des Marienhospitals.

HAGEN I. W.,
STÄDTISCHES PFLEGEHAUS.

Das Städtische Pflegehaus auf dem Höing, das zeitweilig auch als Lazarett diente, konnte sich dank seiner umfangreichen Ländereien zum Teil selbst mit frischem Gemüse versorgen.

Das Folkwang-Museum an der Ecke Marienstraße und Hochstraße war 1902 das erste Museum für moderne Kunst in Europa. Wir verdanken das heute im städtischen Besitz befindliche Haus der privaten Initiative von Karl Ernst Osthaus, nach dem das Museum auch heute benannt ist.

Das klassizistische Patrizierhaus Moll/Kerckhoff wurde 1936 zum Heimatmuseum der Stadt Hagen. Es zeigte in 28 Räumen kostbare Stil-Zimmer aus der Zeit der Renaissance, des Barock, des Empire und des Biedermeier und zahlreiche Erinnerungsstücke der Stadt und ihrer Bürger.

Die 1892 erbaute Gründerzeitvilla Altenloh in der Elberfelder Straße 79 beherbergte ab 1938 das „Sauerländische Museum für Vor- und Frühgeschichte". Es enthielt u.a. Funde aus der Steinzeit sowie eine Sammlung zur erdgeschichtlichen Entwicklung des Sauerlandes.

3

Kirche und Schule

Schulen und Kirchen gehören seit jeher zum Leben einer Stadt und prägen ihr Bild. Die ersten Schulgebäude waren kümmerliche Anstalten und erst mit dem Erstarken der Gemeinde und dem Wirken bedeutender Schulmänner entstanden, von der Industrie unterstützt, repräsentative Bauten mit vorbildlichen Einrichtungen und Hagen nannte sich stolz „Stadt der Schulen". Jahrhundertelang war die Johanniskirche am Markt der einzige Kirchenbau der Stadt. 1748 entstand ihr jetziges Kirchenschiff. Nur Boele und Dahl haben ältere Kirchen. Der zweite Kirchenbau in der Stadt war die reformierte Kirche am Markt und 1826 errichtete die Katholische Gemeinde die zweitürmige Marienkirche. Ende des 19. Jahrhunderts setzte dann ein wahrer Kirchenbauboom ein. 1861 wurde die Evangelische Kirche in Haspe geweiht, 1870 entstand die Josefskirche und 1872 die St.-Bonifatius-Kirche in Haspe. 1895 weihte man die neue Marienkirche, 1899 die Lutherkirche, im ersten Jahrzehnt die St.-Josefs-Kirche, die St.-Michaels-Kirche, die Pauluskirche, die Christuskirche in Eilpe und die Vorhaller Kirchen.

Die Bogenschule am Markt ist ein Beispiel für den schlichten Schulbau des 19. Jahrhunderts. Der Bogengang stellte die Verbindung zwischen Marktstraße und Kirchplatz her, der gleichzeitig noch als Schulhof diente.

Besser gestellte Familien schickten ihre Kinder auf die private Vorschule von Frau Blauel in der Viktoriastraße. Zwar kostete sie Schulgeld, aber die Kinder lernten mehr und konnten schon nach drei Jahren zum Gymnasium oder zur Mittelschule wechseln.

Noch Ende der 20er-Jahre saßen bei Lehrer Gies in der Evangelischen Schule in Eckesey drei Kinder in einer Schulbank. Für den Fotografen strahlte man trotzdem.

Das Gymnasium am Ende der Kampstraße, die hier noch vor dem Bau des Goldbergtunnels von den Schienen der Volmetalbahn gekreuzt wird, war 1895 fertig gestellt und ein repräsentativer wuchtiger Bau.

Hagen i. W. Gewerbeschule

Reinicke & Rubin, Magdeburg 953

Der stolzeste Schulbau der Stadt war unzweifelhaft die Gewerbeschule hinter dem Rathaus, die im Stil der niederländischen Frührenaissance errichtet worden war. 1894 eingeweiht, beherbergte sie später auch die Oberrealschule und die Maschinenbauschule.

Die Johanniskirche am Markt war auf einer natürlichen Erhöhung vor Überflutungen der Volme geschützt. Noch 1895 lag die Frankfurter Straße fünf Stufen niedriger als der Eingang im romanischen Turm.

Wenige Jahre später präsentiert sich uns die Johanniskirche mit neuem Vorbau und zwei Türmen. Die Frankfurter Straße ist angehoben und die Straßenbahn zweigleisig verlegt worden.

Die erste Marienkirche stand an der Ecke Elberfelder- und Marienstraße. Wegen Baufälligkeit wurde sie zu Beginn der 1890er-Jahre abgerissen. Zwischen 1892 und 1895 wurde an der Hochstraße die jetzige neugotische Kirche errichtet.

Die alte Lutherkirche trug der Tatsache Rechnung, dass im unteren Hagener Feld ein großes Wohngebiet entstanden war, das nun auch in Richtung Höing wuchs. Ein zweiter evangelischer Kirchenkreis wurde gebildet.

In wenigen Jahren wurde Wehringhausen zu einem Wohnstadtteil mit vierstöckiger Blockbebauung. Als die Pauluskirche 1911 geweiht wird, sind noch Baulücken vorhanden, die einen
umfassenden Blick auf das neue Kirchengebäude zulassen.

Der Innenraum der Kirche mit Orgel und barockem Kanzel-Altar. Auch Peter Behrens und
Fritz Schumacher hatten Entwürfe für die Pauluskirche abgeliefert. Sie waren aber dem Presby-
terium zu modern und wurden zurückgewiesen.

4

Straßen und Plätze

Jahrhundertelang hatten sich nur wenige Häuser um die Johanniskirche und das adelige Haus Hagen gedrängt. Hier wurde Markt gehalten und es gab einen Weg über die Volme. Zwei Kilometer volmeabwärts befand sich beim Haus Altenhagen ein zweiter Übergang. Im 19. Jahrhundert wuchsen die Siedlungen zwischen diesen Brücken allmählich zusammen. So bildete Hagen ein großes Dreieck aus, mit dem Markt an der Spitze, der Körner- und Elberfelder Straße als Schenkeln und der Kölner Straße vor dem Bahnhof als Basis. Hier haben sich in Friedens- und Kriegszeiten die häufigsten Veränderungen ergeben, denn schnell wurden die Grundstücke rar und teuer und die Gebäude und Straßen mussten immer wieder den geänderten Bedürfnissen der Bewohner, der Gewerbetreibenden und ihrer Kunden angepasst werden.

Vor 1903 bot sich dem Betrachter das Ende der Mittelstraße mit dem Blick auf die noch umbaute Johanniskirche mit gotischem Turm so dar. Hier wird es eng und die Straßenbahn wird einspurig weitergeführt. Noch lässt der geringe Verkehr ein unbeschwertes Flanieren auf der Straße zu.

HAGEN i. W.
Partie an der Volme

1907 schmückt sich die Johanniskirche schon mit dem barocken Turmhelm. Zur Volme fällt das Gelände noch sacht ab und wird oft überflutet, bis eine Mauer den Fluss in seine Schranken weist, aber auch den Zugang zu ihm versperrt.

Hagen i. W.   Strassenbild.

Von links begonnen vereinigen sich hier die Marienstraße, die Elberfelder- und die Körnerstraße. Im Rücken des Fotografen beginnt die Mittelstraße. Auf der Postkarte von 1907 ist rechts das Kaufhaus der Gebrüder Cordes und daneben Sinn & Co zu sehen.

Vor dem Rathaus, das 1903 fertig geworden war, verlief die Körnerstraße, die an den Dichter der Befreiungskriege Karl Theodor Körner erinnern sollte. Hier pflanzte man die Körnereiche, die allerdings nach dem Ersten Weltkrieg schon wieder verschwand.

In den 30er-Jahren war am Turm des Rathauses ein riesiges Hakenkreuz angebracht, das nachts beleuchtet werden konnte. In der Bildmitte erkennt man die Gaststätte „Zur Körnereiche", die wie die meisten Eckkneipen in Hagen Bettermann-Biere ausschenkte.

Von der Ecke Kampstraße, wo rechts das „Hansa-Café" und links die Konditorei Kumpmann beliebte Treffs waren, blickt man in Richtung Marienstraße, die schmale Elberfelder Straße aufwärts. Der Polizist mit Pickelhaube rechts erleichtert die zeitliche Einordnung.

In den 30er-Jahren stehen in der Hohenzollernstraße schon eine Menge Autos. Im Hintergrund steht die alte Sparkasse. Rechts vor dem Haus der Stadtwerke sind die kleinen Zeitschriften- und Cigarrenläden noch in Pavillons untergebracht.

Beim Bau des „neuen" Bahnhof-Viertels hatten die Stadtväter bewusst einen kleinen Platz für ein Sieges-Denkmal freigelassen. Er wurde zwar Neumarkt genannt, Markt wurde hier jedoch nie abgehalten. Alljährlich konnten die zahlreichen Kriegervereine an dieser Stelle der siegreichen Schlachten des 1870/71er-Krieges gedenken.

Das 1875 eingeweihte Denkmal, das im Zweiten Weltkrieg beschädigt wurde und dann verschwand, zeigte oben eine gekrönte Germania mit Siegeskranz und in der Mitte vier kleinere weibliche Figuren mit Tafeln der siegreichen Schlachtstätten. Dazwischen befanden sich Ehrentafeln für die Hagener Gefallenen.

33

Die Bahnhofstraße, als Lindenallee bepflanzt, verbindet seit jeher den Bahnhof mit der Stadt. Vor dem Krieg war sie eine elegante Flaniermeile, an der viele Hotels und Banken lagen. Im oberen Bereich waren die Villen der Hautevolee zu finden.

Der Bahnhofsvorplatz mit Umsteigemöglichkeit in die Straßenbahn, der Post und seinen Hotels und Cafés war der beliebteste Treffpunkt der Stadt. Hier fuhren die Kutschen und später die ersten Autos vor, hier konnte man sehen und gesehen werden.

34

Vor 1903 ist die Altenhagener Brücke noch eine schmale Eisenkonstruktion mit einspurigem Schienenstrang für die Pferdebahn nach Eckesey. Sie wird aber nach den Eingemeindungen von 1901 zu einem immer wichtigeren Verkehrsknotenpunkt und im Jahre 1903 erneuert.

Mit dem Bau des Drerup-Viertels und der neuen Brücke hatte Altenhagen einen solchen Aufschwung genommen, dass man, vom Bahnhof kommend, denken konnte, hier sei der Stadtkern. 1910 wird der linke Brückenbereich noch mit drei Häusern überbaut.

Der expressionistische Bau des Kon-
sumvereins an der Altenhagener
Straße, der St.-Josefs-Kirche gegen-
über gelegen, hat leider den Krieg
nicht überstanden.

Hagen i. W. Kölner u. Elberfelderstraße

Die Schwenke war und ist ein weiterer wichtiger Verkehrsknotenpunkt in Hagen. Hier ist
nach 1910 schon der Schienenstrang der Volmetalbahn verschwunden, der mit Schranken die
Straße kreuzte. Für ihn wurde der Goldbergtunnel gebaut.

36

Hagen i. W. Emilienplatz mit Finanzamt

Der Emilienplatz mit dem Finanzamt war in den 30er-Jahren noch eine beschauliche grüne Straßenkreuzung am Ende der Stadt ohne viel Verkehr. Nach rechts schloss sich an der Badstraße der Reitplatz des Hagener Reitervereins an.

Haldenerstrasse   Rembergstrasse   Hagen

Über der Bettermann-Brauerei treffen sich von links nach rechts die Arndtstraße, Haldener Straße, Remberg-, Eickert- und Iserlohner Straße. Der Fotograf steht mit dem Rücken zur Heidenstraße. Bei Eckhäusern wurde besonders auf ein schönes Äußeres geachtet.

37

Das Fachwerkhaus von W. Winterhoff an der Ecke Iserlohner- und Marktstraße wird um 1910 bereits auf beiden Seiten von hohen Ziegelsteinmauern „bedroht". Immer mehr Fachwerkbauten müssen der Blockbebauung weichen.

Das Luftbild lässt die Situation der alten Stadthalle auf der Springe am besten erkennen. Hinter dem stadtbildbestimmenden Kuppelbau mit Skulpturenschmuck von Milly Steger und Will Lammert stehen die Gebäude der Firma Elbers.

Eine Postkarte von 1906 zeigt rechts die Einmündung der Spinngasse. Diese Straßenecke, hier noch mit Villenbebauung, hat vor und nach dem Krieg häufige Veränderungen erfahren. Nach links lagen und liegen wichtige Hagener Schulen.

Hier hat das Weitwinkelobjektiv des Fotografen die Kreuzung Böhmerstraße und Hochstraße festgehalten. Um 1910 sind alle Innenstadtstraßen gepflastert und beleuchtet. Im Eckhaus in der Bildmitte war das evangelische Kirchenamt untergebracht. Rechts daneben wohnte der Pastor der Johanniskirche.

Nach dem Verkauf der Folkwang-Sammlung war das Museumsgebäude in den 30er- und 40er-Jahren Verwaltungssitz der Elektromark. Gleichwohl hatte Christian Rohlfs im Obergeschoss noch Wohnung und Atelier. Das ehemalige Landgericht beherbergte Dienststellen der Stadt.

In der „vorautomobilen Zeit" befand sich am Bodelschwingh-Platz um den Dreikaiser-Brunnen eine kleine Parkanlage zwischen gepflegten Gründerzeitfassaden mit gediegenen Geschäften. Links betrieb Hermann Kornblum sein drittes Kaufhaus in Hagen.

5

Trautes Heim

Ein Heim zu haben, zu wohnen, ist ein Urbedürfnis des Menschen. Dabei ist es interessant, wie in verschiedenen Gegenden, zu unterschiedlichen Zeiten und in verschiedenen Gesellschaftsschichten sich diese Notwendigkeit ausprägt. In Hagen ist es zunächst natürlich das Fachwerkhaus, das stadtbildbestimmend ist. Aus dem Bergischen sickert dann aber auch der Schiefer als Fassadenverkleidung ein und vereinzelt baut die begüterte Klasse auch Natursteinhäuser. Aus Norddeutschland und Holland kommt die Ziegelbrenntechnik in unsere Gegend. Die Ziegeleien werden der „Motor" der Gründerzeitbebauung und des schnellen Wachstums unserer Stadt. Fantasievoll mit Putz und Stuck verziert, prägen die Ziegelbauten noch heute das Bild vieler Stadtteile.

Das alte Stiftsgut Söding lag in Wehringhausen, an der Einmündung der Minervastraße in die Wehringhauser Straße. Der klotzige Sandsteinbau mit dem hohen Treppengiebeldach muss schon vor 1600 gebaut worden sein. Die Fachwerkanbauten kamen später hinzu. 1874 wurde der Hof abgerissen.

Der Bauer Karl Hackenberg, wohnhaft Auf der Egge über Hinnenwiese, hatte seinem alten Naturstein-Bauernhaus zum Ende des 19. Jahrhunderts mit den billigeren Ziegelsteinen einen Anbau hinzugefügt. Die Fachwerkscheune rechts ist mit Ziegeln ausgefacht.

Am Obergraben, der zwischen Volme und Iserlohner Straße verlief und zuerst die Moll'sche Tuchfabrik mit Wasser versorgte, dann ab 1905 die Turbine von Schlegel & von der Heyden, herrschte die Fachwerkbebauung vor. Eine Giebelwand ist bereits schieferverkleidet.

In der Mühlenstraße gab es einige windschiefe Fachwerkhäuschen, die noch kleine Gärten besaßen und liebevoll mit Blumen geschmückt waren. Sie haben den Krieg nicht überstanden.

In der Franzstraße 4 in Eilpe stand der alte „Franz-Buernhof". Um die Jahrhundertwende war er schon seiner Funktion und Felder beraubt, die für Industrie- und Wohnbebauung benötigt wurden.

Auf „Schöppers Hoff", der dem Metzgermeister Wilhelm Borggräfe gehörte, wohnten im Hinterhaus der Selbecker Straße 27 in einem kleinen Schieferhäuschen drei Arbeiter-Großfamilien eng beieinander.

Auch die Fabrikantenfamilie Post in Eilpe bewohnte Schieferhäuser. Sie zeigen jedoch, dass der Werkstoff allein nicht Wert und Ausprägung von Wohnqualität bestimmt.

Das Haus Augustastraße 45 ist ein gutes Beispiel für die Wohnblockbebauung der Gründerzeit. Es hatte dreieinhalb Wohngeschosse und eine abwechslungsreiche Ziegel-Stuckfassade. Die Fahnenstange war dem Besitzer anscheinend besonders wichtig.

HAGEN, ELBERSUFER.

An der Ecke Heidenstraße und Elbersufer standen abwechslungsreiche Wohnhäuser mit Erkern und Balkonen, Giebeln und Türmchen. Man glaubt gar nicht, wie viele verschiedene Fensterformen bei einem Haus möglich sind.

An der Buscheystraße wurden für begüterte Familien luxuriöse Wohnblocks mit großen Wohnungen errichtet. Hier griff schon die Formensprache des Jugendstils. Zum Glück sind einige dieser Häuser erhalten und liebevoll wieder hergerichtet.

Hagen i. W. - Königstrasse.

Im Drerup-Viertel zwischen Altenhagener Brücke und Funckepark entstand im oberen Bereich ein Villenviertel. Die Straßenränder wurden einheitlich mit Rotdornbäumen bepflanzt.

46

Natürlich zeigten auch die Villen den Formenreichtum der Gründerzeit. Hier prägte er sich aber in der Größe und im Wert der Materialien besonders aus. Die Villa Post in Wehringhausen, hier um 1900 aufgenommen, gibt uns bis heute ein Beispiel dafür.

Das Haus Elfriedenhöhe am Ausgang des Stadtgartens mit seinen roten Ziegeln und hellen Stuckbändern und -umrahmungen war das Elternhaus des Hagener Mäzens Karl Ernst Osthaus.

Wo sich heute die Gebäude des CVJM an der Ecke Iserlohner Straße/Buschhof erheben, stand bis 1945 die Fabrikantenvilla Elbers. Die wiederhergestellten Terrassenanlagen des ehemaligen Weinberges lassen den Ort noch erkennen.

Hohenhagen hatte Karl Ernst Osthaus für seine Gartenstadt-Pläne aufgekauft. Hervorragende Architekten sollten hier richtungsweisende Häuser bauen. Peter Behrens entwarf die benachbarten Häuser Cuno und Schröder an der Hassleyer Straße.

6

Verkehr

Transport und Verkehr sind für Hagen seit jeher standortbestimmend. Verkehrswege hatten zur Siedlungsgründung geführt. Der Handel auf ihnen mehrte den Reichtum der Stadt und nährte ihr Wachstum. Die Anlage von Schienenwegen ließ die Großstadt entstehen. Diese hat nun wieder ihre Probleme mit dem Verkehr der Neuzeit. Die Straßenbahnen, deren Netz um die Jahrhundertwende ständig vergrößert wurde, wurden in den 70er-Jahren abgeschafft. Nach dem Krieg setzte man auf den Autoverkehr, für den große Schneisen in die Stadt geschlagen und rundherum Autobahnen gebaut wurden.

Noch zu Anfang des Jahrhunderts zog der Milchhändler Peter Althoff aus der Ascherothstraße 12 mit seinem Eselskarren von Haus zu Haus und schöpfte den Hausfrauen, die ihn schon erwarteten, die mitgebrachten Blechkannen voll.

Pferd und Wagen waren über Jahrhunderte die bevorzugten Transportmittel und kamen erst nach dem Krieg aus der Mode. Im Hof des Hohenzollernsaales in Altenhagen ließ der Wirt Karl Schulte täglich anspannen, um seine Kunden zu beliefern oder für eigenen Nachschub zu sorgen.

Auch die Zustellung der Paketpost wurde mit einem PS bewerkstelligt. Allerdings waren jeweils ein Fuhrmann und ein Paketbote nötig, um das kostbare Gut in die Stadtteile und zu den jeweiligen Adressaten zu befördern.

Zuerst als Pferdebahn, dann mit Accumulatoren und schließlich elektobetrieben eroberte die Straßenbahn den Personen- und Warentransport in Hagen. Hier begegnen sich 1937 an der Endstation Gneisenaustraße Pferd und Maschine.

Ein Zugwagen mit Anhänger der Hagener Straßenbahn steht Anfang der 20er-Jahre vor dem Betriebshof Wehringhauser Straße zur Abfahrt bereit. Jeder Zug wurde von einem Fahrer und jeweils einem Schaffner pro Wagen begleitet.

Vor dem ersten Hagener Bahnhof ist 1854 ein Zug der Bergisch-Märkischen Eisenbahn-Gesellschaft vorgefahren. Das Hagener Feld, wo heute so viele Menschen wohnen, ist noch sehr lückenhaft bebaut.

Vor dem Ersten Weltkrieg war die ganze Anlage schon sehr erweitert. Die Zugfolge ist auf unter zehn Minuten gesunken. Eine schwere Lokomotive der Preußischen Staatsbahn mit Schlepptender wartet auf die Abfahrt in Richtung Eckesey.

In den Stadtteilen gab es eigene Bahnhöfe, die vor allem dem Personenverkehr dienten. Hier in Vorhalle wurde am Fuße des Kaisberges ein Verschiebebahnhof für den Güterverkehr gebaut, der seinerzeit zu den größten Deutschlands zählte. Das Foto wurde um 1910 aufgenommen.

Als der Schienenzeppelin am 26. Juni 1931 auf einer Probefahrt durch Hagen kam, waren alle Eisenbahnenthusiasten mit ihren Kameras auf den Beinen. Der Zug erreichte mit seinem Heckpropeller schon damals 230 Stundenkilometer, kam aber über das Versuchsstadium nicht hinaus.

Die große Stunde des Automobils begann, von Ausnahmen abgesehen, in den 20er-Jahren. Am Güterbahnhof in der Fehrbelliner Straße holt der Eierimporteur Alex Wesselmann mit zwei Lastwagen neue Ware ab. Im Hintergrund steht die Wagenfedern-Fabrik Kraemer & Freund.

Auch die Reichspost wollte am Ende der 20er-Jahre nicht zurückstehen und schaffte nach und nach ihre Pferde ab und Lastkraftwagen an. Stolz posiert hier Gustav Demmer vor dem Wagen, der nur Beamten mit bestem Leumund anvertraut wurde.

Die ersten Autos fuhren zum Tanken noch vor die Drogerie, wo ihnen mithilfe einer kleinen Handpumpe aus einem Fass vor dem Geschäft neuer Kraftstoff eingefüllt wurde. Um 1930 kamen aber überall Tankstellen auf, wie hier an der Ecke Böhmer- und Hochstraße.

Vor dem Schützenheim im Siepen in Hagen-Eppenhausen – Inhaber war F. Berkey – stehen 1935 schon große Limousinen. Alkohol am Steuer war bei dem geringen Verkehrsaufkommen noch kein Problem und nicht gesetzlich geregelt.

Die Mittelstraße wurde bereits am 1. Oktober 1943 schwer getroffen. Um den ausgebrannten Straßenbahnzug machen die Menschen mit Hacken und Schaufeln die Straße frei. Später bestimmten Lorenbahnen das Stadtbild. Auf ihnen wurde der Schutt fortgeschafft.

Nach dem Krieg war zunächst noch die Ebertstraße Haupttangente vor dem Bahnhof. Die Behelfsbauten und die Hotels, die den Krieg überstanden hatten, mussten später der Trasse des Graf-von-Galen-Ringes weichen. Jetzt kommen verstärkt Busse als Verkehrsmittel auf.

7

Handel und Gewerbe

Vor dem Zweiten Weltkrieg waren Wohnen und Arbeiten noch kaum voneinander getrennt. Selbst der Innenstadtbereich war durchsetzt mit Fabriken und auf fast jedem Hof werkelte ein Handwerker. Jedes größere Haus beherbergte ein Geschäft oder eine Wirtschaft. Man wohnte ganz selbstverständlich bei seiner Firma oder seinem Arbeitsplatz. Lärm und Gestank störten niemanden. Gerne ließ man sich vor oder an seinem Arbeitsplatz mit Familie oder Kollegen fotografieren und hängte das Bild stolz in seine Wohnung oder verschickte es als Postkarte an Freunde und Verwandte.

Die ehemalige Papiermühle in der Laake in Delstern fiel in den 60er-Jahren dem Bau des Autobahnzubringers zum Opfer. Sie war gleichzeitig Wohn- und Arbeitsstätte der Papiermacher und ihrer Familien.

Gruß aus Hagen

In Eilpe, wo die Eilper Straße den Bach quert, hatte sich eine Gaststätte etabliert, die sich am Vormittag einen Zuverdienst verschaffte, indem sie Brot und Brötchen der Hagener Brotfabrik Haarmann & Keiser aus Delstern verkaufte.

Wilhelm Nippels, Inhaber der Kohlenhandlung Camphausen & Co. unterhalb der Elfrieden-höhe, fand seinen Wohn- und Arbeitsplatz so schön, dass er davon Postkarten herstellen ließ und an Kunden, Freunde und Verwandte verschickte.

Die Metzgerei von Wilhelm Marks in der Wehringhauser Straße 84a hatte 1906 schon zwei Schaufenster. Stolz zeigt sich der Inhaber mit Frau, Kind und Verkäuferinnen in blütenweißen Schürzen.

Am Schlachthof in Hohenlimburg präsentiert sich die ganze Mannschaft mit dem Schlachttier. Der kleine Junge hält den Betäubungshammer, während die Gesellen Mut und Kraft demonstrieren.

Die kleinen Einzelhändler schlossen sich schon in den 20er-Jahren Einkaufsgenossenschaften an. Unabhängige Kolonialwarenhändler wurden immer seltener. Hier posiert die Familie Willi Hemmer vor ihrem Edeka-Geschäft an der Eckeseyer Straße 198.

Im Kaufhaus „Ehape", der Aktiengesellschaft für Einheitspreise in der Mittelstraße, gab es 1930 noch keine Selbstbedienung. Man trat an eine Theke und wurde von einer freundlichen jungen Dame begrüßt, bedient und abkassiert.

Wenn ein Tiefbauer und Pflasterer schon mal vor seinem Geschäft arbeiten konnte, musste der Fotograf her, wie hier bei Johann Berzen in der Wehringhauser Straße 40 / Ecke Weidestraße, dem alten Kutscherhaus der Firma Post.

Ein Bautrupp von C. Post aus der Franzstraße erbaut 1912 dem Verwaltungsdirektor Julius Brandau das Haus in der Emster Straße 98. Später hatte sein Sohn Dr. Gustav Brandau hier eine Zahnarztpraxis.

Der Hasper Spar- und Bauverein eGmbH lässt Ende der 20er-Jahre den Steinbrinkhof erbauen. Vor den Häusern Steinbrinkhof 2 und 4 und Leimstraße 19 sind die Funktionäre bei einer Besichtigung zum Gruppenbild angetreten.

An Volme und Ennepe und in ihren Nebentälern trieben die Wasserräder hunderte von Hämmern für die Eisenverarbeitung an. Gabeln, Hacken, Schaufeln, Sensen und Sicheln waren die häufigsten Produkte.

In der Schleiferei der Werkzeug- und Maschinenfabrik Gebrüder Vitte in Priorei saßen die Männer dicht beieinander an ihren Schleifsteinen und schärften die Blech- und Profileisenscheren, die Lochstanzen und Eisenschneider.

Die Belegschaft des Vorhaller Sägewerks Hülsberg ist zwischen Schienenstrang und Holzstapel im August 1914 zum Gruppenbild angetreten. Bald müssen die jungen Männer in den Krieg.

Eine Elite in grauen Kitteln: Die Mechaniker der Accumulatoren-Fabrik A.G. Hagen mit ihren beiden Chefs hinter dem Werk in der Dieckstraße in Wehringhausen.

8

Freizeit und Erholung

Um die Jahrhundertwende hatten unsere Vorfahren viel weniger Freizeit als wir. Dennoch nutzte man die Zeit nach der Arbeit für allerlei Amüsements und Zerstreuung. Gerne wurden am Wochenende Ausflüge „ins Grüne" gemacht und ein Lokal in der näheren oder weiteren Umgebung erwandert oder mit der Straßenbahn besucht. Die Attraktivität dieser Ausflugslokale bestand in der Umgebung und in den Menschen, die man dort treffen konnte. Die grüne Umgebung Hagens bildete einen angenehmen Kontrast zur Arbeitswirklichkeit und die Türme auf den Höhen oder die neu angelegten Seen und Talsperren waren beliebte Ziele, von denen man seinen Lieben Grußkarten schickte. Das Vereinsleben blühte auf. Mit Gleichgesinnten konnte man gemeinsam singen, spielen oder musizieren. Schützenbruderschaften hatten gleichermaßen Zulauf wie Sportvereine und manchmal war das einzige Ziel, gemütlich beisammen zu sein. Dabei wurde natürlich auch manches Bierchen geleert, wovon in Hagen nicht weniger als 10 Brauereien profitierten.

Die „Neuen Anlagen" in der Stadtmitte, heute Volkspark genannt, waren ursprünglich der Privatpark der Familie Funcke, die vier Villen an der Elberfelder-, Karl-Marx- und Körnerstraße bewohnte. In den 30er-Jahren stand davon nur noch die ehemalige Villa von Wilhelm Funcke, die als Kreiswehrersatzamt genutzt wurde.

Der Park mit dem Kriegerdenkmal der 57er unterhalb der Klosterkirche wurde 1966 dem Bau des Autobahnzubringers in Verlängerung der Heinitzstraße geopfert. Das Denkmal war 1934 zu Ehren des 57. Res.-Inf. Regiments, das sich im Ersten Weltkrieg auszeichnete und hauptsächlich aus Hagenern zusammensetzte, errichtet worden.

Im Funckepark, den die Familie Funcke 1928 der Stadt gestiftet hatte, stand eine Windmühle, die als Pumpstation die Arbeitersiedlung „Zehn Gebote" am Höing mit Wasser versorgte. Geradeaus steht die städtische Gärtnerwohnung in der Funckestraße 12.

Überall in Deutschland entstanden am Ende des 19. Jahrhunderts Bismarcktürme, die nach seinem Tod an den Reichsgründer und „Eisernen Kanzler" erinnern sollten. Hagen wollte da nicht nachstehen und erbaute seinen Bismarckturm auf der höchsten Erhebung über der Stadt, dem Goldberg.

Auf dem benachbarten Berg, über Wehringhausen, erbaute man Bismarcks politischem Gegner, dem Reichstagsabgeordneten von Hagen-Schwelm, Eugen Richter, 1911 nach einem Entwurf des Essener Architekten Gustav Wenner das einzige Denkmal, das in Deutschland an einen liberalen Politiker erinnert.

Die nächste Erhebung über Haspe wurde 1880 durch eine Holzkonstruktion zu Ehren des Kaisers Friedrich III. gekrönt. Sie wurde allerdings schon 1903 nach einem Blitzeinschlag gesperrt und 1910 durch den jetzigen Turm aus Sandstein ersetzt.

Der Freiherr-vom-Stein-Turm auf dem Kaisberg, am 17. Oktober 1869 eingeweiht, war mit Restauration und Aussichtsterrasse ein beliebtes Ziel der Eckeseyer und Vorhaller Bevölkerung.

Örtliche Gaststätten sahen um die Jahrhundertwende so aus wie das alte Vereinshaus in Vorhalle, Lindenstraße 8, damals im Besitz von Josef Lindner. Uniformen aller Art, in Hagen meist von Bahn und Post, bestimmten das Bild des Mannes.

Der Zapfhahn wurde in vielen Kneipen von Frauenhand bewegt. Ihre Männer arbeiteten häufig noch als Handwerker oder Industriearbeiter und halfen in ihrer „Freizeit" in der Gaststätte aus.

Der Gasthof Busch an der Eckeseyer Straße war eine kleine grüne Lunge zwischen Industrie-
betrieben und wurde in Pausen oder nach der Arbeit gerne aufgesucht. Im Hintergrund sieht
man das Stahlwerk Eicken.

Das Parkhaus im Stadtgarten war den gehobenen Schichten vorbehalten. Hier gab es Veranstaltungen und Konzerte, man traf sich nach einem Spaziergang oder Tennisspiel auf Hagens
erster Anlage in der Nachbarschaft oder man fuhr hochherrschaftlich mit einer Kutsche vor.

Im Stadtgarten am Teich stand ein kleiner Jugendstil-Pavillon, der Treffpunkt mancher Verabredung war und gerne als Hintergrund für Gruppenfotos genutzt wurde.

Etwas höher im Stadtwald lud die Waldlust mit Teich und zahlreichen Gebäuden zu Speise und Trank im Schatten großer Bäume ein. Das untere Gebäude steht nach vielen Umbauten noch heute und ist ein beliebtes Ziel im Grünen.

Am Wochenende wanderte man auch auf die Höhen hinauf und besuchte mit Kind und Kegel einen der drei Türme, wo ein Picknick gemacht wurde oder in einem Gasthof eingekehrt werden konnte.

Obwohl der Sonntagsstaat unserer Großmütter wohl keine besonders praktische Wanderbeklei-dung darstellte, genossen auch sie von der Höhe den herrlichen Panoramablick über Hagen.

Der Hengsteysee war 1926/27 unterhalb der Hohensyburg als erster der Ruhrseen vom Ruhrverband zur Wasserklärung gebaut worden. Schnell entwickelte er sich zum Freizeitmagneten. Inselgasthof und Bootsverleih waren bevorzugte Ziele.

Beim Bauerndorf Hengstey wurde im See ein Strandbad angelegt. Die zunehmende Wasserverschmutzung machte dem Baden im See bald ein Ende und im Uferbereich wurden Schwimmbecken gebaut.

Auf dem Sportplatz Rehstraße sind vor dem Gasometer die Barren aufgebaut, wo die Riegen 1936 zu einer Werbeveranstaltung von T.V. Eintracht Hagen angetreten sind und synchron den Handstand zeigen.

Das Damenturnen in der Sporthalle an der Langestraße war weniger durch Kraft als durch Ästhetik geprägt. Für den Fotografen wurden besonders attraktive Gruppenaufstellungen gewählt.

1902 wurde der Reitclub Hagen gegründet. Er war der erste Reiterverein in Südwestfalen und sein 1913 gebauter Tattersall die größte Reithalle Westdeutschlands. 1928 konnte auch ein Turnierplatz in der Badstraße an der Volme eingeweiht werden.

Der erste Tennisclub Hagens entstand unweit des Parkhauses im Stadtgarten. Hier wurde 1903 zuerst der Tennisclub Blau-Gold und nach dessen Wegzug zum Tattersall der Club Rot-Weiß gegründet. Blau-Gold zog später von der Volme nach Eppenhausen (Lohestraße) und Rot-Weiß in die Bredelle.

Karneval hat auch an der Volme eine lange Tradition. Die Große Hagener Carnevalsgesellschaft, 1881 gegründet, präsentiert sich „bierernst" beim Wein.

Der Mettwurstclub Altenhagen war allein für Spaß und Geselligkeit gegründet worden. Man traf sich allwöchentlich bei Schulte im Hohenzollernsaal oder ging auf Entdeckungsfahrt.

Für die vielen Musikvereine Hagens soll hier stellvertretend das Ruhrtaler Blasorchester aus Hagen-Kabel stehen, das sich 1930 bei einem Auftritt fotografieren ließ.

Die Schützenvereine in allen Stadtteilen gehen zum Teil schon auf das Ende des 18. Jahrhunderts zurück. Nach Schützenfest und Vogelschießen nimmt hier noch vor dem Ersten Weltkrieg der Altenhagener Schützenverein von 1889 vor dem Hohenzollernsaal Aufstellung.

Zur Erinnerung an die Fahnenweihe des Infanterie=Vereins Hagen i. W. 29. 1. 1911

Kriegervereine waren nach dem Krieg von 1870/71 überall in der Stadt entstanden. Die festliche Fahnenweihe gehörte zum angestammten Ritus, der besonders unter Kaiser Wilhelm II. gepflegt wurde.

Der Männer-Gesangverein Eintracht Eckesey beteiligt sich an einem Umzug. Wenn einer fragt, wer denn den Verein repräsentiert, so antworten die beiden Alten auf der Bank: „Eck un sey".

9

Events

Anlässe, Feste und Veranstaltungen, heute Events genannt, waren das Salz in der Suppe des Gemeindelebens. In einer Zeit, die arm an Unterhaltungen und Zerstreuungen war, musste man sich entweder selbst etwas vormachen oder auf die wenigen Highlights warten, die geboten wurden. Dabei war man dankbar für jede Bemühung und wenig anspruchsvoll. Selbst von Vorführungen oder Ereignissen, die uns heute unbedeutend erscheinen, wurde lange gezehrt und erzählt. Das wussten später die Nationalsozialisten propagandistisch zu nutzen. Ihre Aufmarsch- und Festkultur brachte jeweils tausende auf die Straße und riss auch die mit, die eigentlich politisch gleichgültig waren oder der Partei ablehnend gegenüberstanden.

Schon die Eröffnung eines neuen Geschäftes war ein Top-Ereignis, das man sich ungern entgehen ließ. Hier ist es das Porzellan- und Glasgeschäft Moritz Bacharach, Ecke Mittelstraße und Gartenstraße, das eine große Menge anlockt.

Cirkus- oder Varieteetruppen kündigten ihre Auftritte in den Zeitungen und auf Plakaten an. Turnvorführungen unterm Fesselballon am Sonntagmorgen im Kaisergarten in Eckesey lockten die Hagener in Scharen.

Veranstaltungen und Umzüge waren im „Dritten Reich" beliebte Anlässe, dem Volk etwas zu bieten, auf einen Wirtschaftsbereich aufmerksam zu machen und für die Partei zu werben. 1936 beteiligt sich die Bäckerinnung mit einem vierspännigen Wagen.

Die Weihe einer neuen Kirche war immer ein Großereignis, das als Kirchweihfest im Jahresrhythmus etwas kleiner wiederholt werden konnte. 1911 wird in Wehringhausen die Pauluskirche unter großer Anteilnahme der Bevölkerung eingeweiht.

Im Januar 1929 wurde in Hagen die Licht-Reklame-Woche veranstaltet. Noch waren längst nicht alle Haushalte mit Strom versorgt und mit den angestrahlten Gebäuden wollten der in der Gegend bekannte Stromerzeuger Elektromark und die Stadtwerke auf sich aufmerksam machen.

1905 veranstaltete die Westfälische Zone des Deutschen Gastwirte-Verbandes die „Erste provinziale Kochkunst- und Fachgewerbliche Ausstellung" auf der Springe. Dazu wurden großzügige Pavillons und Zelte aufgebaut.

1910 wurde die erfolgreiche Veranstaltung als „Gewerbe-Ausstellung Hagen" wiederholt. Gewerbeausstellungen hatte es in Hagen seit 1814 gegeben. Noch steht die Stadthalle nicht und der Kratzkopf ist nur gering bebaut.

Eingang zur Gewerbe-Ausstellung

1914, kurz vor Ausbruch des Ersten Weltkrieges, veranstaltete Hagen seine letzte Gewerbe-ausstellung zwischen Johanniskirche und der neu erbauten Stadthalle. Die Tonhalle im Vordergrund war bis zum Zweiten Weltkrieg ein beliebter Veranstaltungsort.

Raumkunst- und Gashalle

Neben zahlreichen gastronomischen Angeboten gab es auf der Jubiläums-Gewerbe-Ausstellung Pavillons zu unterschiedlichen Themen. Das Bild zeigt die Raumkunst- und Gashalle.

Während des Ersten Weltkriegs wurde 1915 der Eiserne Schmied aufgestellt. Die Eichenskulptur des Dortmunder Bildhauers Bagdons wurde nach und nach mit Nägeln und Plaketten beschlagen, was gleichzeitig mit einer Geldspende verbunden war.

Der Zeppelin auf Werbefahrt über deutschen Städten. In viele Bildpostkarten wurde er einfach hineinkopiert. Über Hagen flog er tatsächlich. Die Straßen waren voll mit Schaulustigen und alle Fotografen waren unterwegs, um dieses Top-Ereignis einzufangen.

Der „Friseur- und Perückenmacher-Gehülfen-Verein Hagen i.W." veranstaltete 1909 seinen Westfälischen Provinzial-Verbandstag im Damen-Preisschaufrisieren. Die beachtlichen Kunstgebilde und ihre Erschaffer wurden allseits bewundert und natürlich fotografiert.

Große Aufmärsche waren eine Spezialität der Nazis. Alle Parteikader waren angetreten und einige tausend Hagener fanden das Spektakel mit der „Standarte Hagen", die der Stadt auf dem Reichsparteitag 1933 verliehen worden war, interessant genug, um dabei zu sein.

Hagen. Frühlingsfest auf der Springe

Hagens Feste fanden auf der Springe statt. Zu einer dauernden Einrichtung wurden die Oster-
und die Herbstkirmes. Es gehörte zum Jahresrhythmus, hier ein Bier zu trinken, sich zu treffen
und in den Abendstunden Trubel und Lichter zu genießen.

Direkt nach dem Krieg fand der Karnevalszug wieder statt. Dass man auch in Ruinen fröhlich
sein konnte, bewiesen die Hagener hier in der Ebertstraße. Rechts erkennt man die Häuser der
Werdestraße.

10

Zerstörung und Wiederaufbau

Am 1. Oktober 1943 wurde Hagen erstmalig bombardiert. Am 2. Dezember 1944 und am 22. und 28. Februar 1945 gab es weitere Angriffe. Beim Großangriff am 15. März 1945 fiel Hagen in Schutt und Asche. Die neuartigen Sprengbomben und eine ungeheure Menge an Brandbomben vernichteten vor allem die Innenstadt vom Hauptbahnhof bis Oberhagen. Sofort begannen die Hagener mit den Aufräumarbeiten und man richtete sich in den Ruinen ein. Notdächer und Baracken bestimmten das Bild und überall wurde gewerkelt, Steine wurden abgeklopft und Stück für Stück wieder Normalität geschaffen. Vieles war unrettbar verloren und die Wunden der Zerstörung blieben lange sichtbar, aber der Wille, die Stadt wieder herzurichten, einte die Bürger, die bald, verstärkt durch die Ostvertriebenen, Hagen wieder aufbauten.

In den Schuttbergen und Trümmergrundstücken hockten die Trümmerfrauen und befreiten noch brauchbare Steine von Mörtelresten. Sauber gestapelt wurden sie für einen späteren Neubau bereitgestellt.

Der ausgebrannte Turm der Marienkirche ragt wie ein mahnender Finger über den Ruinen der Goldbergstraße empor. Auch das benachbarte Marienhospital war getroffen. Hier musste zuerst aufgeräumt werden.

Was nach dem Großangriff vom 15. März 1945 von der Villa Kinkelstraße 5 noch übrig war, mit Notdach und zugenagelten Fensterhöhlen, wurde im Amtsdeutschen als „wenig zerstört" bezeichnet. Die Eigentümer wohnten im Keller.

Das Haus Petersen in der Wasserstraße war das einzige Fachwerkhaus am Unterberg, das nicht abgebrannt war. Die Bewohner und ein französischer Kriegsgefangener hatten die Brandbomben herausgeworfen und den Funkenregen der brennenden Nachbarhäuser bis zum folgenden Tag mit nassen Tüchern abgewehrt.

Von der Villa Elbers im Buschhof war nur noch ein Torso übrig. Mitglieder des CVJM rissen in Eigenarbeit den Rest später ab und bauten den ersten Teil der jetzigen Gebäude. Die Terrassen des Weinberges blieben erhalten.

Auch die Stadthalle war ausgebrannt. Der Musiksaal wurde wieder hergerichtet und der Rest war so massiv, dass man jahrelang hoffte, ihn wieder herstellen zu können. In den 50er-Jahren gab es bereits Sammlungen für den Wiederaufbau, dann fiel aber doch die Entscheidung für den Abriss.

Das Rathaus war vergleichsweise glimpflich davongekommen. Der Turm war seiner Spitze beraubt und über dem Ratssaal fehlte der Treppengiebel. Die Notsicherung der 50er-Jahre wurde jedoch bald baufällig und zu klein und so entschloss man sich zu Beginn der 60er-Jahre zu einem erweiterten Neubau.

Als zentrale und älteste Stadtkirche wurde die Johanniskirche als erste wieder hergerichtet. Ab Juni 1951 konnten hier wieder Gottesdienste abgehalten werden. Das Notdach des barocken Turmes war bis 1979 ein Wahrzeichen der Stadt, dann wurde der Turm in die jetzige Form gebracht.

Am Bahnhofsvorplatz wurde das alte Postgebäude erst einmal wieder benutzbar gemacht und nach hinten durch einen Zeltanbau erweitert. Noch ist die Ebertstraße die Hauptdurchgangsstraße nach Haspe.

Viele Jahre lag die Funckebrücke über den ausgebrannten Werksanlagen von Söding & Halbach Am Widey. Der Umweg über die Altenhagener Brücke oder den Emilienplatz wurde klaglos in Kauf genommen.

1952 wurden sowohl die Brücke als auch das Werk darunter wieder aufgebaut. Ursprünglich verlief die Brücke gerade zur Kaiserstraße. Mit deren Ausbau Ende der 60er-Jahre wurde sie dann durchgesägt und der obere Teil in tagelanger Millimeterarbeit auf Tunnelniveau abgesenkt.

Die alte Eisenbrücke Badstraße hatte den Krieg zwar überstanden, 1952 war sie jedoch nicht mehr zeitgemäß und musste einer breiteren Betonkonstruktion weichen. Im Hintergrund ist das Sparkassengebäude im Rohbau fertig.

Wie viele andere Geschäfte und Institutionen residierte die Sparkasse in der Bauzeit auf der Wiese in einer Baracke. Die alte Fußgängerbrücke überspannte die Volme im Verlauf der heutigen Voswinckelstraße. Im Hintergrund erkennt man die Bank für Gemeinwirtschaft.

Die Geschichte von Krieg und Frieden erzählen vier Bilder des Hauses Otto Elbers in der Koloniestraße (Alfred-Rosenberg-Straße) 24. Vor dem Krieg hatte es einen Natursteinsockel, das Erdgeschoss war ein massiver Klinkerbau und die erste Etage und das Dach waren in Fachwerkbauweise ausgeführt und verschiefert.

Mehrere Brandbomben hatten Dach und erste Etage völlig vernichtet. Keller und Erdgeschoss wurden im Februar 1946 mit Blechen notdürftig gesichert und so gut es ging wieder bewohnbar gemacht.

In Eigenarbeit wurde ab Februar 1947 ein zweites Stockwerk Stein für Stein aufgemauert, wobei das Erreichte immer wieder mit Blechen gegen Regeneinbrüche zu sichern war. Der Garten war im Sommer der Hauptwohnraum.

In den 50er-Jahren, als alles verputzt und gestrichen war, hatte die Familie Elbers wieder ein schmuckes Haus. Die Straße hieß inzwischen nach Hagens Ehrenbürger Christian-Rohlfs-Straße.

Viele weitere interessante

BÜCHER AUS IHRER REGION

finden Sie unter:

www.suttonverlag.de

SUTTON
VERLAG   Wir machen Geschichte

Die Heimat entdecken!

Von Kiel bis Wien, von Aachen bis Görlitz: Entdecken Sie Alltagsgeschichten aus Ihrer Heimatstadt!

Leben in der Großstadt ...

Tauchen Sie ein in das quirlige Großstadtleben vergangener Tage. Spazieren Sie über breite Boulevards und stürzen Sie sich ins Nachtleben. Erkunden Sie ihre Stadt durch die Fensterscheiben einer Straßenbahn oder des ersten Käfers und bewundern Sie prächtig geschmückte Schaufenster.

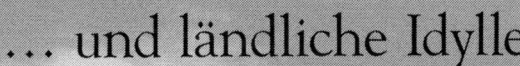

... und ländliche Idylle

Wie sah das Leben in Ihrer Heimat aus, als die Bauern noch mit Pferden pflügten und jedes Dorf seinen eigenen Schmied hatte, jeder noch jeden kannte und das Leben sich zwischen Kirche, Wirtshaus und Wohnküche abspielte?

www.suttonverlag.de

Erinnerungen an die Schulzeit ...

Erinnern Sie sich noch an die Zeiten von Abakus und Schiefertafel, an Klassenausflüge oder den ersten Taschenrechner? Blicken Sie zurück auf große Klassen und gestrenge Schulmeister, entdecken Sie auf Klassenfotos Freunde und Bekannte von früher!

… und das Arbeitsleben

Entdecken Sie, wie sich das Arbeitsleben in den letzten hundert Jahren verändert hat. Werfen Sie einen Blick in Fabrikhallen, blicken Sie Handwerksmeistern bei ihrer Arbeit über die Schulter und erinnern Sie sich an den Einkauf im Tante-Emma-Laden.

www.suttonverlag.de

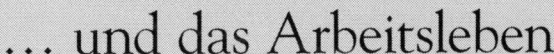

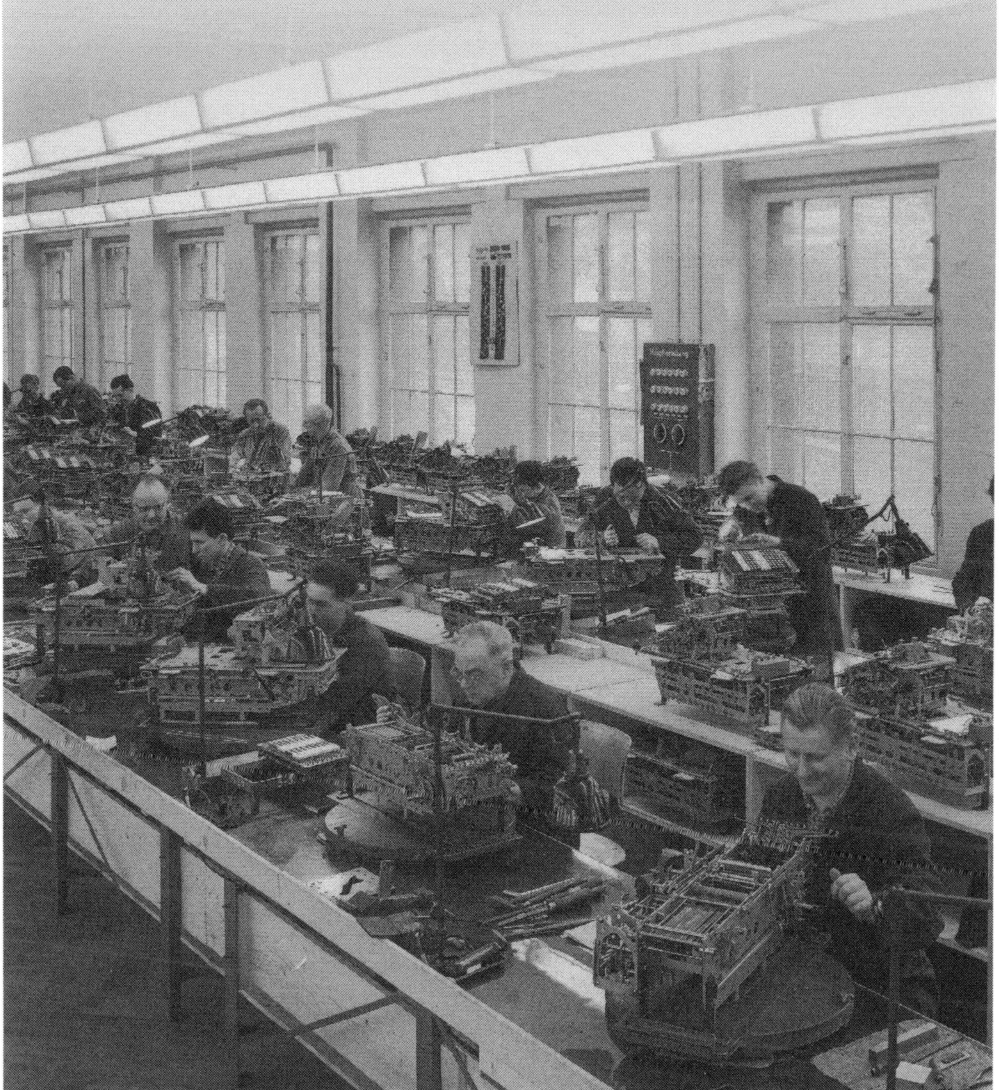

Gesellige Stunden im Verein ...

Fußballclub und Schützenverein, Musikkapelle und Gesellenverein: Schauen Sie zurück auf Volksfeste und Turniere, Chorproben oder Prunksitzungen. Erinnern Sie sich an schöne Stunden und das gesellschaftliche Leben in Ihrer Heimat.

… und im Familienkreis

Werfen Sie einen Blick in die Wohnzimmer vergangener Tage und entdecken Sie, wie sich zwischen schweren Eichenmöbeln, Nierentischen und Ikea-Regalen der Alltag verändert hat. Erleben Sie Familienfeiern und Weihnachtsfeste im Wandel der Jahrzehnte mit.

www.suttonverlag.de

Alltagsgeschichte in historischen Fotos
zu über 1000 Regionen, Städten
und Gemeinden

Bestellen Sie jetzt
Ihr persönliches Exemplar auf

www.suttonverlag.de

FSC
www.fsc.org
MIX
Papier | Fördert
gute Waldnutzung
FSC® C083411

Zeitfracht Medien GmbH
Ferdinand-Jühlke-Straße 7
99095 Erfurt, Deutschland
produktsicherheit@kolibri360.de

Druck:
CPI Druckdienstleistungen GmbH
im Auftrag der
Zeitfracht Medien GmbH
Ein Unternehmen der Zeitfracht - Gruppe
Ferdinand-Jühlke-Str. 7
99095 Erfurt